Lustige Sprachrätsel Französisch

Ab dem ersten Lernjahr

Hueber Verlag

3. 2. 1. | Die letzten Ziffern
2012 11 10 09 08 | bezeichnen Zahl und Jahr des Druckes.
Alle Drucke dieser Auflage können, da unverändert,
nebeneinander benutzt werden.
1. Auflage
Genehmigte Sonderausgabe für Hueber Verlag GmbH & Co. KG

Umschlaggestaltung: Parzhuber und Partner, München
Texte: Almuth Bartl; Michèle Bartouilh-Neugebauer
Illustrationen: Angela Weinhold
Druck und Bindung: Himmer AG, Augsburg
Gesamtherstellung: arsEdition GmbH, München
Printed in Germany
ISBN 978-3-19-029581-4

Vorwort

Die *Lustigen Sprachrätsel Französisch* sind kurzweilige, witzig illustrierte Sprachrätsel auf einfachem Niveau für zwischendurch und unterwegs.
Sie bieten vergnügliches und unkompliziertes Wortschatzlernen und -wiederholen als Ergänzung zum Unterricht und für zu Hause.
Abwechslungsreiche Übungstypen wie Bilderrätsel, Labyrinthe, Kreuzwort- und Silbenrätsel lassen keine Langeweile aufkommen.
Die pfiffige „Mademoiselle Souris“ gibt Tipps und Hinweise zu den Übungen.
Die einzelnen Übungsblätter kann man auch heraustrennen, die Lösungen befinden sich jeweils direkt auf der Rückseite.
Das praktische Querformat ermöglicht, dass man auch in Bus und U-Bahn bequem auf dem Schoß rätseln kann.

Die *Lustigen Sprachrätsel* sind für Schüler ab dem ersten Lernjahr geeignet, ebenso für erwachsene Lernanfänger.

Viel Spaß beim „Sprachätseln“!

Une maison bien remplie

Die Namen der 10 abgebildeten Dinge findest du auch im Haus auf der Nachbarseite. Streiche die Wörter rechts durch! Achtung: Manche Buchstaben sind Bestandteil von 2 Wörtern.

4 Buchstaben sind übrig geblieben. Sie ergeben zusammengesetzt den Namen eines Tieres, das auch in diesem Haus wohnt. Kannst du es auf die Tafel zeichnen?

		s	o	f	a		
	r	a	d	i	o	l	
f	a	u	t	e	u	i	l
o	t	a	b	o	î	t	e
u	h	c	h	a	i	s	e
r	h	o	r	l	o	g	e
c	é	t	a	g	è	r	e
		t	a	b	l	e	

Lösung: C'est un chat.

Mots brouillés

Sortiere die Buchstaben und schreibe die richtigen Wörter in die Kästchen auf der rechten Seite.

3						7	
t			1			c	4
i			s		8	h	m
g			e	6	c	i	o
r	2	5	r	c	h	e	u
e	**l**	**e**	**p**	**h**	**a**	**n**	**t**
	i	s	e	e	t		o
	o	c	n	v			n
	n	a	t	a			
		r		l			
		g					
		o					
		t					

Dinosaures

Brontosaurus hat 15 Wörter verschluckt, die mit dem Buchstaben „c“ beginnen. Kannst du sie entdecken?

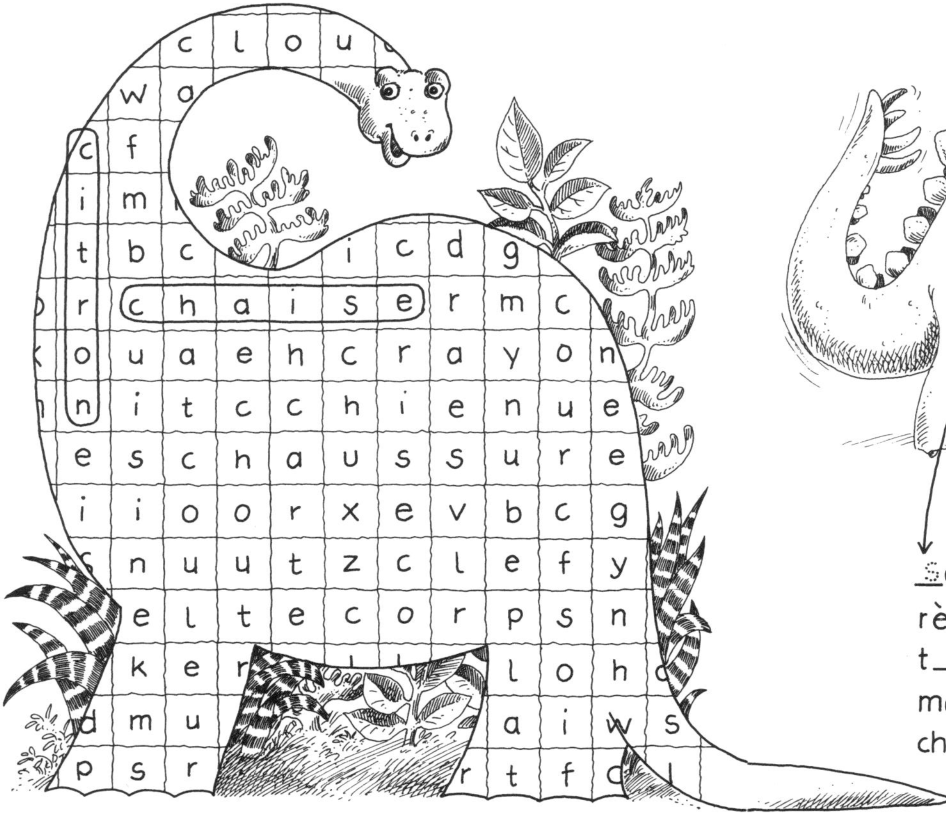

Mit den Buchstaben auf Stegosaurus kannst du die Wörter unten vervollständigen.

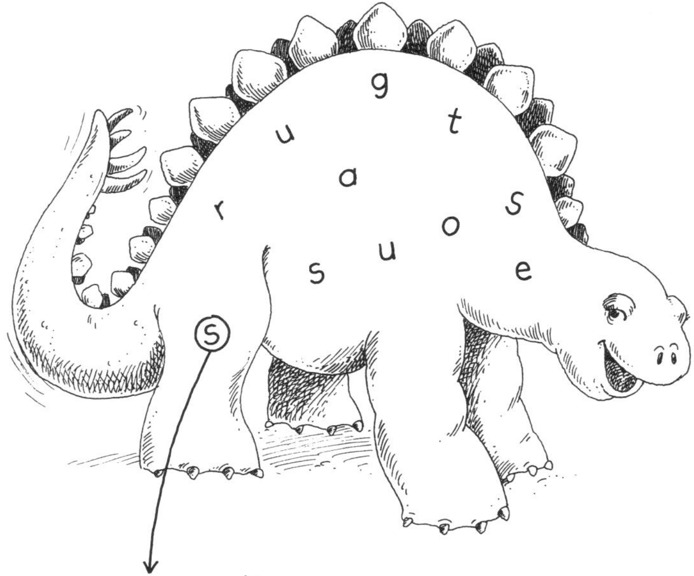

Samedi
rè_le
t_ou
mo_che
ch_mbre

b_l
hui_
_erviette
bêt_
fo_rchette
chai_e

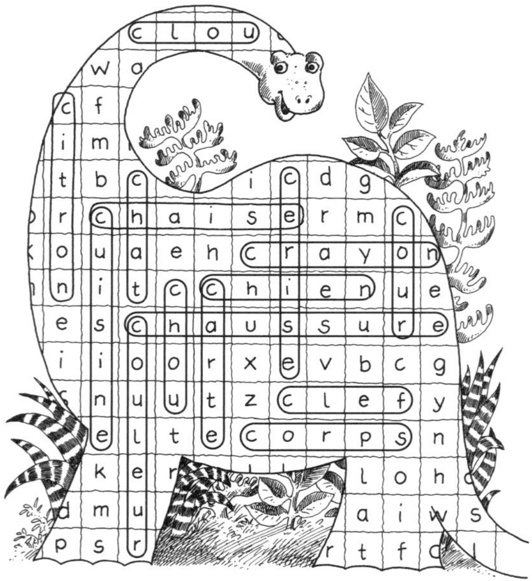

samedi (Samstag)
règle (Lineal)
trou (Loch)
mouche (Fliege)
chambre (Zimmer)
bol (Schale)
huit (acht)
serviette (Serviette)
bête (Tier)
fourchette (Gabel)
chaise (Stuhl)

12 mois dans une année

Trage die jeweiligen Monatsnamen in das Rätselgitter ein!
Beispiel: 6ème mois (6. Monat) = juin

12ème mois
3ème mois
7ème mois
9ème mois
6ème mois
2ème mois
4ème mois
1er mois

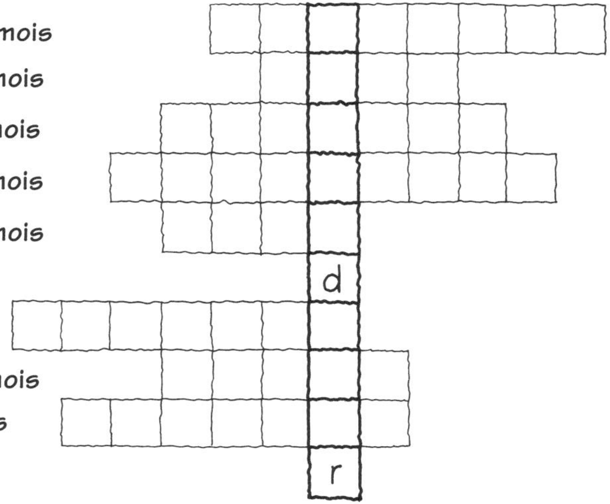

Die Ordnungszahlen werden gebildet, indem man die Endung **–ième** an die entsprechende Grundzahl anhängt.
Beispiel: deux – deus**ième** (zwei – zweite/r/s); Ausnahme: un – prem**ier** (eins – erste/r/s)

				d	é	c	e	m	b	r	e
					m	a	r	s			
			j	u	i	l	l	e	t		
		s	e	p	t	e	m	b	r	e	
			j	u	i	n					
						d					
f	é	v	r	i	e	r					
			a	v	r	i	l				
	j	a	n	v	i	e	r				
						r					

Où vont les enfants?

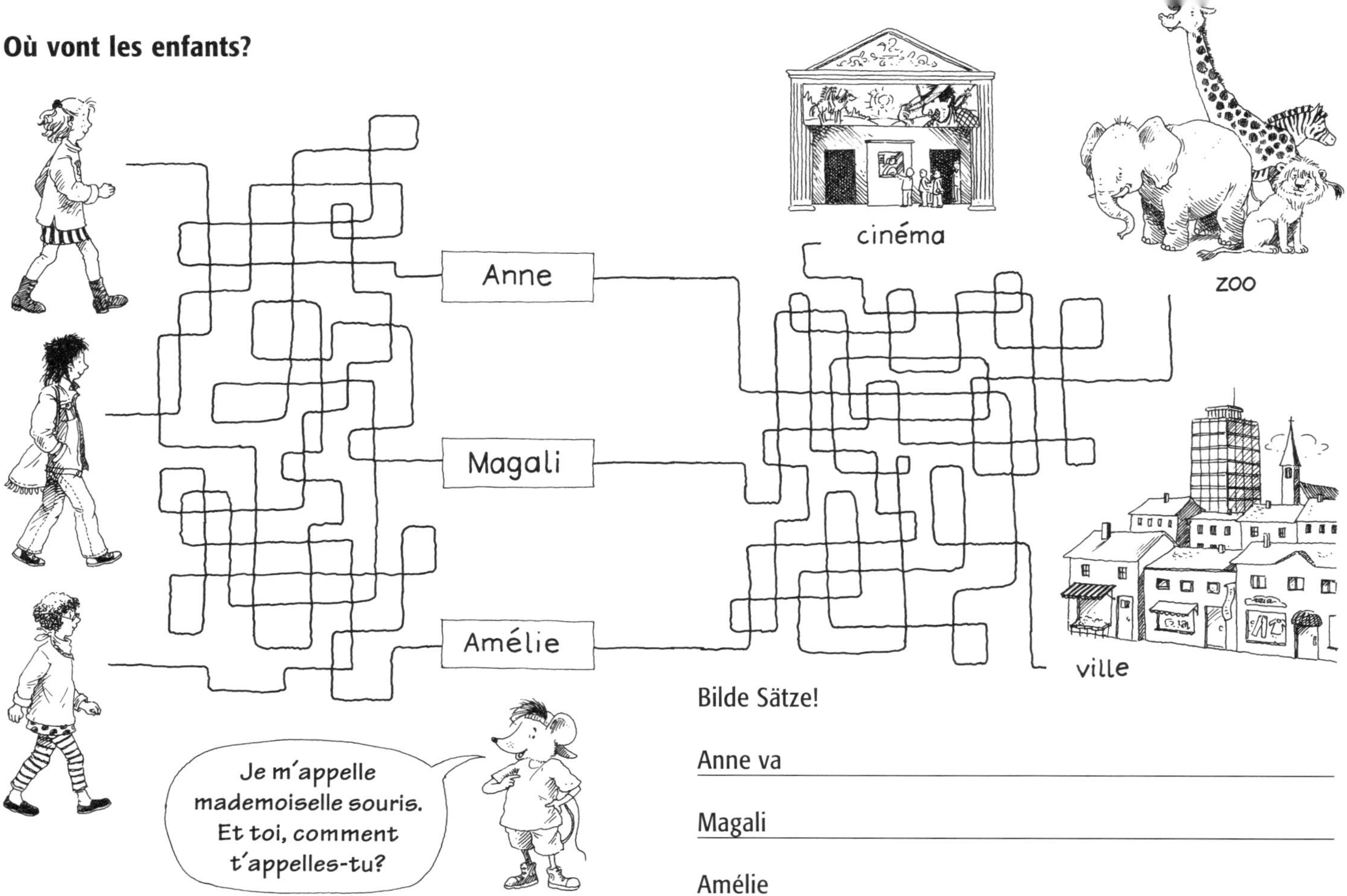

Bilde Sätze!

Anne va ______________________

Magali ______________________

Amélie ______________________

Anne va au cinéma (à + le cinéma = au).
Magali va en ville.
Amélie va au zoo (à + le zoo = au).

Vêtements

Im Schrank findest du eine Menge Anziehsachen. Aber Vorsicht! 3 Dinge gehören nicht in den Kleiderschrank. Streiche sie durch!

sandwich
gâteau (Kuchen)
vélo (Fahrrad)

Qui est qui?

Mademoiselle souris, souriceau et ratton sont de bons amis.

- Mademoiselle souris n'est pas la plus petite des trois.
- Souriceau n'est pas le premier.
- Ratton est plus petit que souriceau.

Wer ist wer?
Schreibe die Namen unter die Figuren!

Les parties du corps

Verbinde jedes Wort mit dem passenden Körperteil!

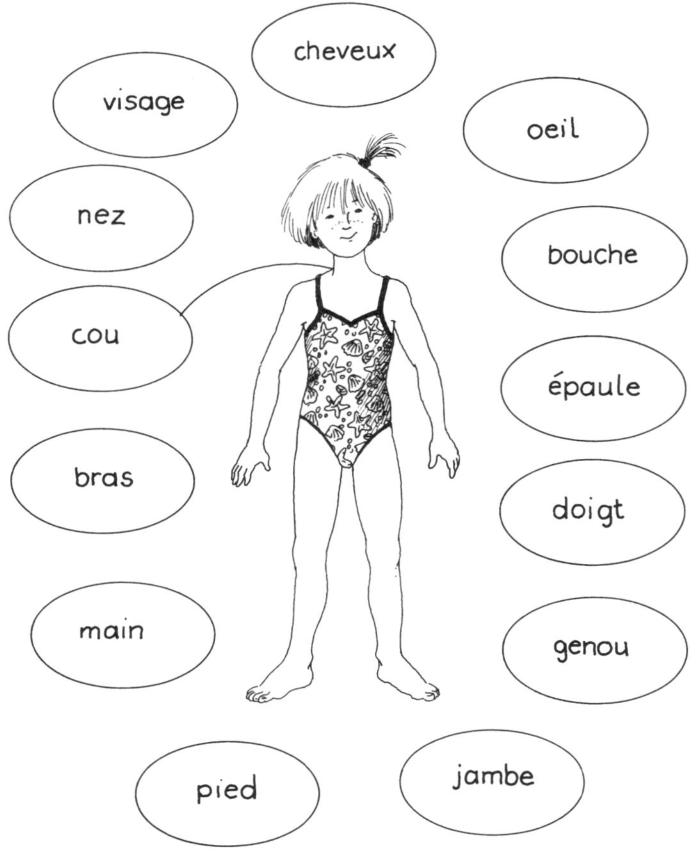

Mademoiselle souris – souriceau – ratton

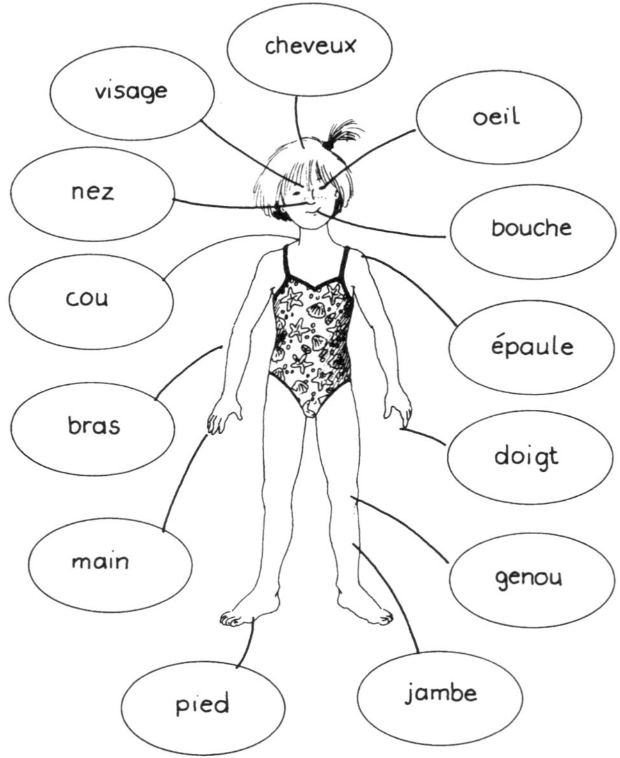

L'album de famille

Quel lien de parenté unit Charles Dupont à Maurice Dupont? C'est son

Quel lien de parenté unit Sophie Dupont à Eric Dupont? C'est sa

Quel lien de parenté unit Alain Mercier à Françoise Dupont? C'est sa

Quel lien de parenté unit Yvette Mercier à Sylvain Dupont? C'est sa

Quel lien de parenté unit Sophie Dupont à Françoise Dupont? C'est sa

Wenn du die dick umrandeten Buchstaben der Reihe nach hier einträgst, erhältst du den Namen von bébé Dupont!

d

père
soeur
oncle
grand-mère
tante

Lösung: Roland

Nombres

Male jede der folgenden Zahlen auf der rechten Seite aus, und du erhältst ein Bild!

quatre-vingt-quinze
soixante-dix-huit
soixante-dix-neuf
soixante-douze
cinquante-sept
cinquante-neuf
cinquante-huit
quarante-cinq
soixante-dix-sept
soixante-treize
soixante-quinze
quatre-vingt-seize
cinquante-six
vingt-cinq
seize
soixante-cinq
quarante-neuf
quatre-vingt-dix-sept
soixante-seize
trente-cinq
cinq
vingt-sept
quatre-vingt-huit
soixante-quatorze
quatre-vingt-quatorze
trente-huit
quatre-vingt-trois
quinze
cinquante-cinq

1	2	3	4	5	6	7	8	9	10
11	12	13	14	15	16	17	18	19	20
21	22	23	24	25	26	27	28	29	30
31	32	33	34	35	36	37	38	39	40
41	42	43	44	45	46	47	48	49	50
51	52	53	54	55	56	57	58	59	60
61	62	63	64	65	66	67	68	69	70
71	72	73	74	75	76	77	78	79	80
81	82	83	84	85	86	87	88	89	90
91	92	93	94	95	96	97	98	99	100

- ☆ une voiture
- ☆ un voilier
- ☆ un avion
- ☆ un vélo

un voilier (Segelboot)

Que fait mademoiselle souris?

Suche die Verben im Buchstabengitter, kreise sie ein und schreibe sie unter die passenden Bilder.

Attention! La 3ème personne du singulier se termine par:
- e: pour les verbes du 1er groupe (-er)
- t: pour les verbs du 2ème groupe (-ir)
- t/d : pour les verbes du 3ème groupe (-oir, -aire, -dre, -tre)

elle crie | elle j e | elle

p	n	o	u	r	r	i	r	
e	c	o	n	d	u	i	r	e
n	e	t	t	o	y	e	r	m
s	t	l	i	r	e	t	ê	a
e	a	g	e	m	a	r	v	n
r	é	c	r	i	r	e	e	g
d	c	o	u	r	i	r	r	e
é	c	o	u	t	e	r	e	r
c	r	i	e	r	n	e	r	r
	d	r	e	j	o	u	e	r

Wenn du alles richtig machst, bleiben im Gitter 16 Buchstaben übrig. Bilde daraus 2 weitere Verben und schreibe sie hier neben die deutsche Bedeutung.

warten – ______________________

sehen – ______________________

warten – attendre
sehen – regarder

écrire – elle écrit (schreiben)
nettoyer – elle nettoie (putzen)
lire – elle lit (lesen)
penser – elle pense (denken)
conduire – elle conduit (fahren)

p	n	o	u	r	r	i	r	
e	c	o	n	d	u	i	r	e
n	e	t	t	o	y	e	r	m
s	t	l	i	r	e	t	ê	a
e	a	g	e	m	a	r	v	n
r	é	c	r	i	r	e	e	g
d	c	o	u	r	i	r	r	e
é	c	o	u	t	e	r	e	r
c	r	i	e	r	n	e	r	r
	d	r	e	j	o	u	e	r

crier – elle crie (schreien)
jouer – elle joue (spielen)
dormir – elle dort (schlafen)
manger – elle mange (essen)
écouter – elle écoute (hören)
rêver – elle rêve (träumen)
nourrir – elle nourrit (füttern)
courir – elle court (rennen)

Contraires

Weißt du das Gegenteil?

Trage die dick umrandeten Buchstaben der Reihe nach hier ein!

☐☐☐☐ ☐☐☐☐!

stupide (dumm) – intelligent
long (lang) – court (kurz)
rapide (schnell) – lent (langsam)
foncé (dunkel) – clair (hell)
gai (fröhlich) – triste (traurig)
bas (tief) – haut (hoch)
hiver (Winter) – été (Sommer)

beau (schön) – laid (hässlich)
plein (voll) – vide (leer)
froid (kalt) – chaud (warm)
ouvert (geöffnet) – fermé (geschlossen)
nuit (Nacht) – jour (Tag)
riche (reich) – pauvre (arm)
vrai (richtig) – faux (falsch)
premier (erster) – dernier (letzter)

Lösung: très bien! (sehr gut!)

À la ferme

Weißt du die Namen von diesen Tieren und Sachen?
Sie enthalten alle den Buchstaben „e“!

1					e						
5					e						
7					e						
3						e					
4						e					
9			e								
8							e				
11						e					
2					e						
6					e						
10					e						
12											e

1	p	o	u	l	e						
5	p	o	u	c	e						
7	v	a	c	h	e						
3	g	r	a	n	g	e					
4	p	a	i	l	l	e					
9	c	h	e	v	a	l					
8	f	e	n	ê	t	r	e				
11	h	a	m	s	t	e	r				
2	c	h	a	p	e	a	u				
6	c	h	e	v	e	u	x				
10	m	a	r	t	e	a	u				
12	h	é	l	i	c	o	p	t	è	r	e

Mots en „oi"

Mots en „ou"

	1	r	o	i				
		2	o	i	e			
	3	t	o	i	t			
	4	b	o	i	s			
	5	n	o	i	x			
	6	d	o	i	g	t		
	7	b	o	↑	t	e		
8	t	r	o	i	s			
		9	o	i	s	e	a	u
	10	v	o	i	t	u	r	e

1	c	l	o	u			
	2	o	u	r	s		
	3	f	o	u	r		
	4	t	o	u	r		
	5	p	o	u	l	e	
	6	l	o	u	p	e	
	7	d	o	u	z	e	
	8	m	o	u	t	o	n
	9	f	o	u	r	m	i
	10	b	o	u	t	o	n

Chevaux

Der Bauer ist nicht da. Deshalb soll Marcel heute die Pferde in ihre Boxen bringen. Aber welches Pferd kommt wohin? Kannst du helfen? Verbinde!

Wenn du alles richtig machst, sagen dir die Buchstaben auf den Pferden, was mit dem Bauern los ist.

Il est ☐☐☐☐☐☐

Lösung: Il est malade. (Er ist krank.)

La chambre de Laurent

chat crayon ballon jupe chaussures poster

usine lampe lit chaise serpent drapeau ciseaux

cartable table pantalon voiture miniature

couverture télévision fenêtre tapis verre assiette

t-shirts éléphant paille livre

Trage die Anfangsbuchstaben der 5 ausgestrichenen Wörter hier ein!

C'est ☐☐☐☐☐ !

jupe (Rock)
usine (Fabrik)
serpent (Schlange)
télévision (Fernseher)
éléphant (Elefant)

Lösung: C'est juste! (Das ist richtig!)

Papillons

Wenn du die Wörter auf den Flügeln der Schmetterlinge ergänzt und die hinzugefügten Buchstaben zusammen liest, weißt du, wonach die Schmetterlinge suchen.

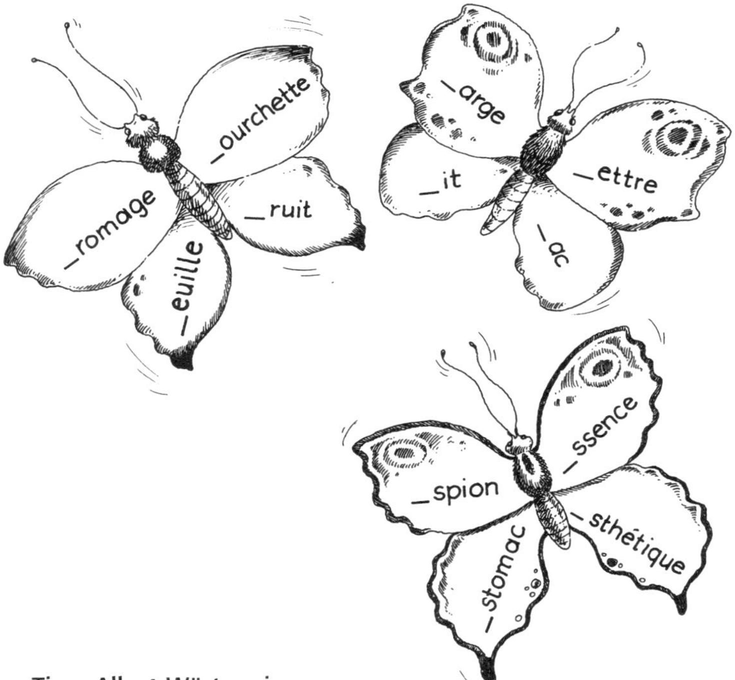

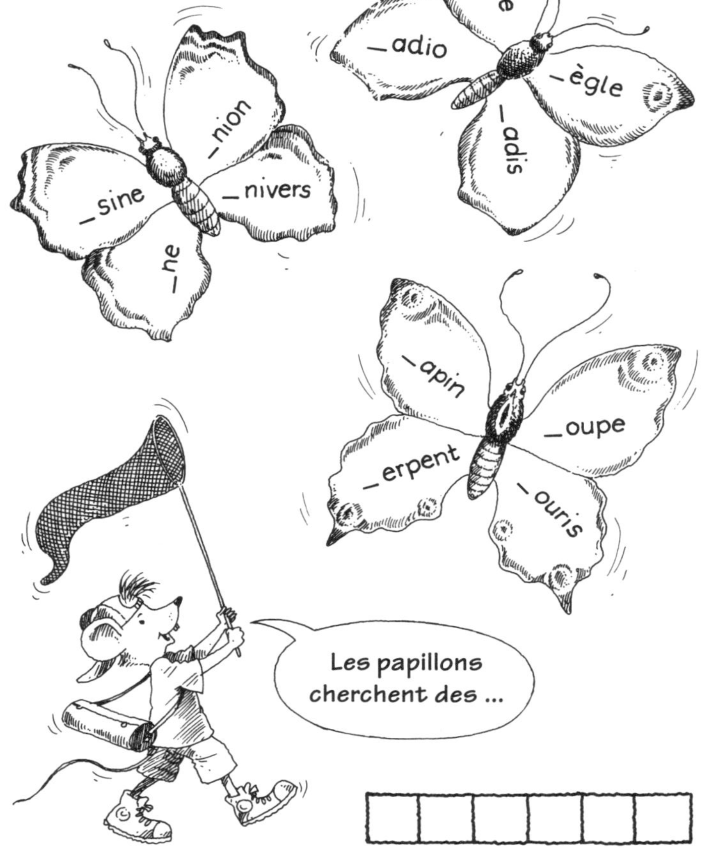

Tipp: Alle 4 Wörter eines Schmetterlings beginnen mit demselben Buchstaben.

fruit (Frucht)
fromage (Käse)
feuille (Blatt)
fourchette (Gabel)

lit (Bett)
lettre (Brief)
lac (See)
large (breit)

usine (Fabrik)
union (Verband)
univers (Weltall)
une (eine)

règle (Lineal)
robe (Kleid)
radio (Radio)
radis (Rettich)

essence (Benzin)
esthétique (ästhetisch)
espion (Spion)
estomac (Magen)

soupe (Suppe)
sapin (Tanne)
serpent (Schlange)
souris (Maus)

Lösung:
Les papillons cherchent des fleurs.
(Die Schmetterlinge suchen Blumen.)

Rimons!

Male alle Blasen mit Wörtern, die sich reimen, in derselben Farbe aus!

main (Hand)
pain (Brot)
train (Zug)
bain (Bad)

bijou (Schmuck)
clou (Nagel)
hibou (Eule)
joue (Backe)

gris (grau)
tapis (Teppich)
souris (Maus)
lit (Bett)

pantalon (Hose)
maison (Haus)
papillon (Schmetterling)
crayon (Bleistift)

sable (Sand)
cartable (Schulranzen)
étable (Stall)
table (Tisch)

À l'aéroport

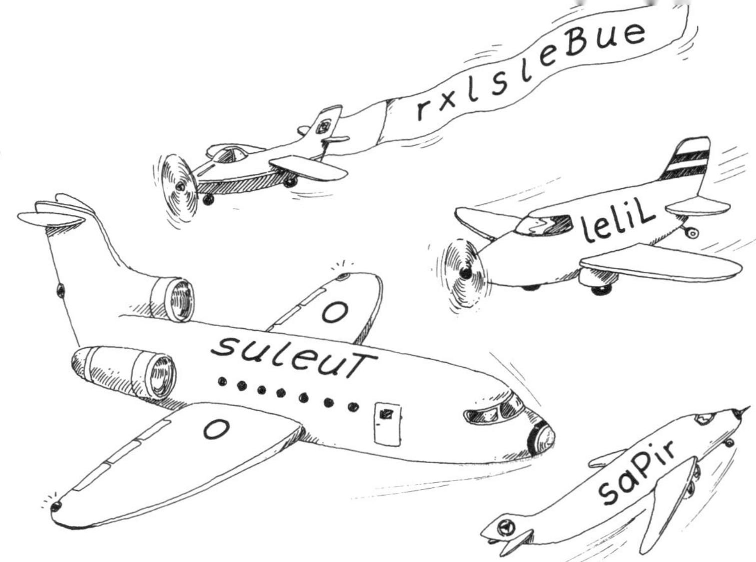

Die Flugzeuge fliegen zu Städten, in denen französisch gesprochen wird. Ordne die Buchstaben und kreise die 8 richtigen Städte ein!

Paris	Reims	Alger	Bienne	Lyon	Bruxelles
Limoges	Québec	Toulouse	Montréal	Dijon	
Genève	Tunis	Tours	Le Havre	Nantes	Besançon
Bordeaux	Rouen	Rennes	Lille		

Lyon
Montréal
Genève
Tunis
Bruxelles
Lille
Toulouse
Paris

Noms et verbes

Schreibe das passende Verb unter das Bild!

verbes:
sentir conduire dormir dessiner écrire couper
lire boire s'asseoir s'habiller jouer cuisiner
monter à cheval regarder

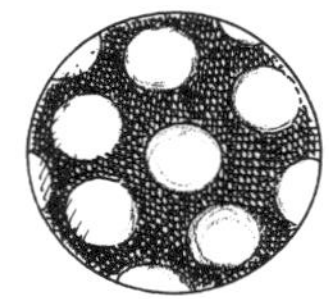

conduire

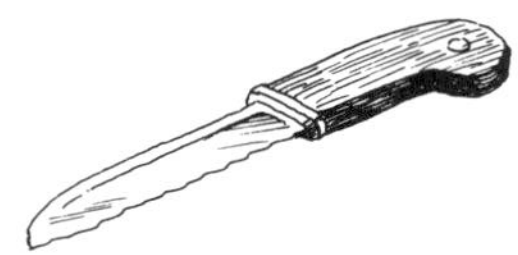

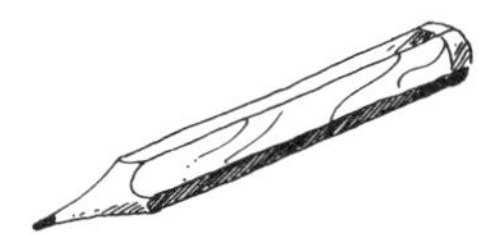

conduire (fahren)
dessiner (malen)
s'habiller (sich anziehen)
dormir (schlafen)
sentir (riechen)
s'asseoir (sich setzen)

jouer (spielen)
cuisiner (kochen)
couper (schneiden)
monter à cheval (reiten)
regarder (schauen)
boire (trinken)
lire (lesen)
écrire (schreiben)

Où est mademoiselle souris?

Trage die entsprechenden Begriffe in das Rätselgitter ein, und du erfährst, wo sich Mademoiselle souris versteckt hat!

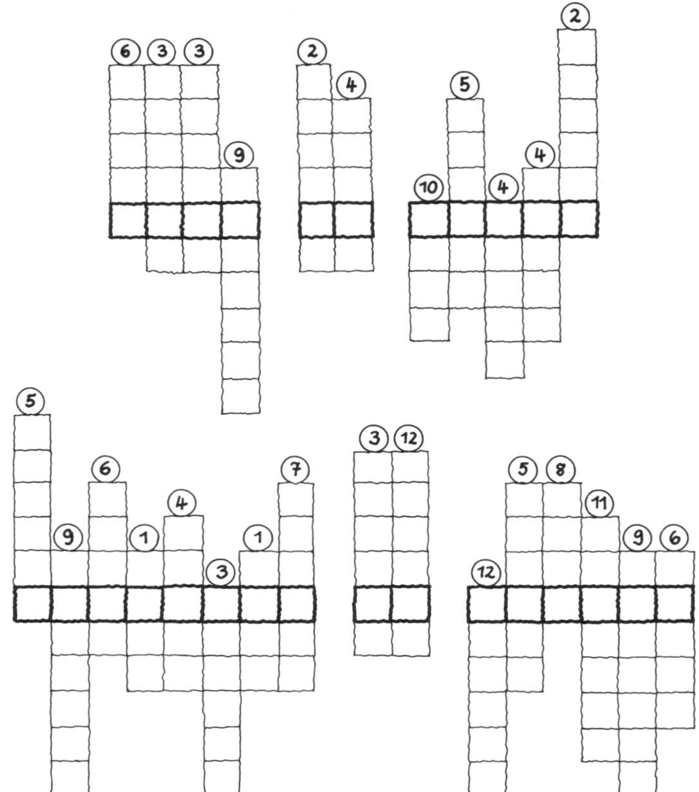

6 arbre
3 étoile
3 étoile
9 fenêtre

2 chaise
4 chien

10 chat
5 canard
4 chien
4 chien
2 chaise

5 canard
9 fenêtre
6 arbre
1 bras
4 chien
3 étoile
1 bras
7 oiseau

3 étoile
12 papier

12 papier
5 canard
8 main
11 voiture
9 fenêtre
6 arbre

Première lettre identique

Je ein Bild hat einen anderen Anfangsbuchstaben. Welches?

boîte – banane – chien
botte – bougie – pied
abeille – arbre – pomme
lune – cuillère – chapeau
barque – bouteille – seau
étoile – voiture – vélo
gâteau – couteau – chat
crayon – téléphone – coq
gâteau – règle – grenouille

maison – chien – manteau
livre – jupe – jumelles
vache – carte – casquette
maison – crayon – clef
horloge – huit – chaussette
soleil – lit – sapin
ballon – ski – souris
fleur – assiette – fusil
doigt – nez – dauphin

À l'école

Dieses Rätsel hat 2 Teile. „Übersetze“ zuerst die Zahlen in Buchstaben und schreibe sie darunter, z. B.:

15	8	13	3	12
t	a	b	l	e

Verbinde dann jedes Wort mit dem passenden Bild!

9	6	5	5	12

7	1	8	11	6	2

1	12	9	3	12

12	3	12	10	12

7	8	1	15	8	13	3	12

7	4	8	14	16	12

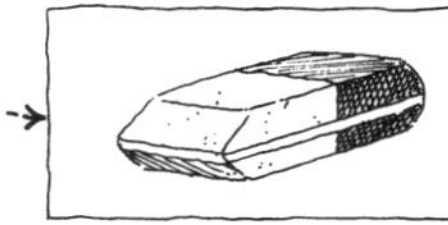

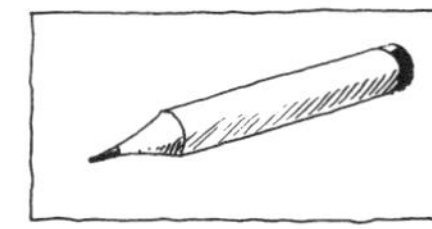

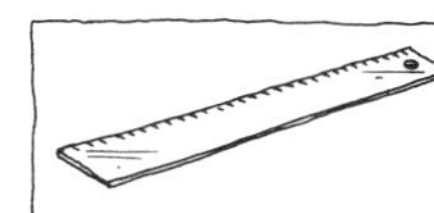

gomme (Radiergummi)
crayon (Stift)
règle (Lineal)
élève (Schüler)
cartable (Schulranzen)
chaise (Stuhl)

Métiers

Schreibe den jeweiligen Beruf unter das passende Bild! Die Silben im Kasten helfen dir dabei.

den-	pro-	-langer	in-	fac-	-mier	bou-	-teur
bou-	pi-	-cher	-taine	-firmière	-lote	capi-	
-tiste	-fesseur	fer-					

dentiste

dentiste (Zahnarzt)
fermier (Bauer)
boucher (Fleischer)

pilote (Pilot)
professeur (Lehrerin)
facteur (Briefträger)
boulanger (Bäcker)
infirmière (Krankenschwester)
capitaine (Kapitän)

Tu peux voir de nombreuses choses dans une ville!

Lies die Wörter auf der rechten Seite und male diejenigen Felder mit Rotstift aus, in denen ein Begriff steht, den du im Bild sehen kannst.

drapeau	ballon	étoile	table	homme
soleil	fille	zèbre	arbre	oeuf
citron	grenouille	garçon	lune	tasse
couteau	maison	fleur	voiture	cuillère
femme	panier	bateau	banane	rue

Die ausgemalten Bilder ergeben zusammen einen Buchstaben. Welchen? Kreise ihn ein!

A X Z H S

Im Bild:

drapeau
homme
fille
arbre
garçon
maison
voiture
femme
rue

Lösung: x

Créer de nouveaux mots

example: crayon-c=rayon

Nombres

Trage die ausgeschriebenen Zahlen in das Rätselgitter ein!

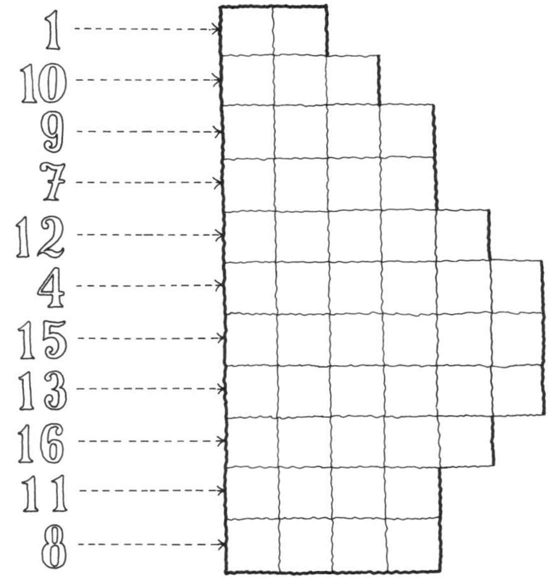

crayon	–	c	=	rayon (Strahl)
étable	–	é	=	table (Tisch)
étoile	–	é	=	toile (Leinen)
potage	–	p	=	otage (Geisel)
coeur	–	e	=	cour (Hof)
orange	–	or	=	ange (Engel)
poisson	–	s	=	poison (Gift)
tigre	–	r	=	tige (Stiel)

un
dix
neuf
sept
douze
quatre
quinze
treize
onze
huit

Lösung: 106

Images et phrases

Schreibe in das Kästchen hinter jedem Satz den Erkennungsbuchstaben des dazugehörigen Bildes!

Le chat est sur la chaise.

Madame Martin lit son journal.

Thierry nettoie le tableau.

Le poisson est dans le panier.

La souris fait du vélo.

Le singe mange une banane.

Cyril lit un livre.

Murielle va faire les courses.

Les enfants rient.

Pierre dessine un poisson.

Le chat est sur la chaise.	**S**
Madame Martin lit son journal.	**U**
Thierry nettoie le tableau.	**P**
Le poisson est dans le panier.	**E**
La souris fait du vélo.	**R**

Le singe mange une banane.	**B**
Cyril lit un livre.	**R**
Murielle va faire les courses.	**A**
Les enfants rient.	**V**
Pierre dessine un poisson.	**O**

Images croisées

Trage den Namen jedes abgebildeten Gegenstands in das Kreuzworträtsel ein!

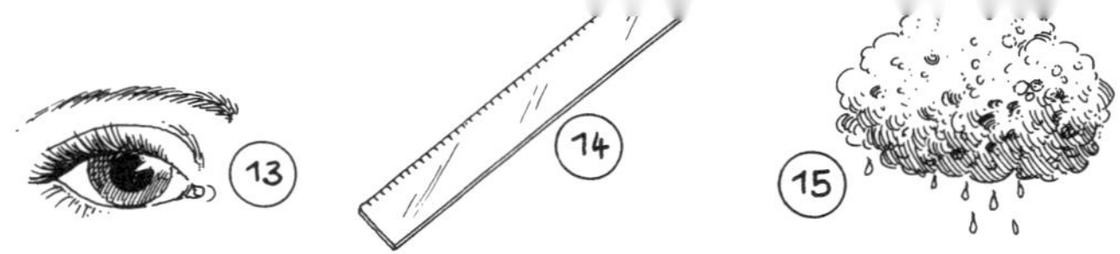

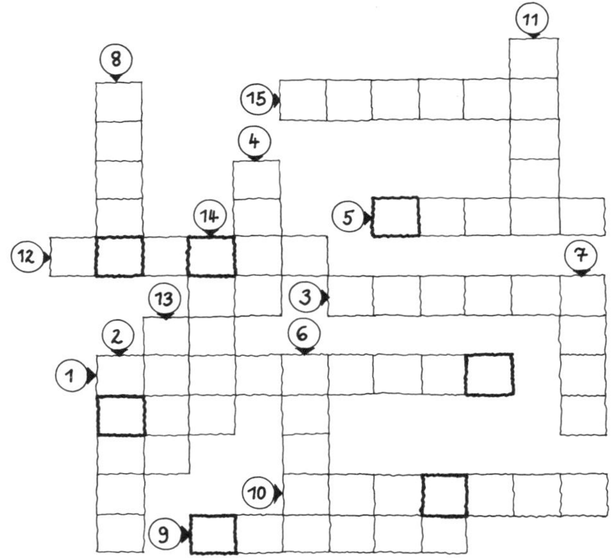

Wenn du die dick umrandeten Buchstaben hier einträgst, erhältst du das Lösungswort. Aufgepasst: Die richtige Reihenfolge der Buchstaben musst du noch finden!

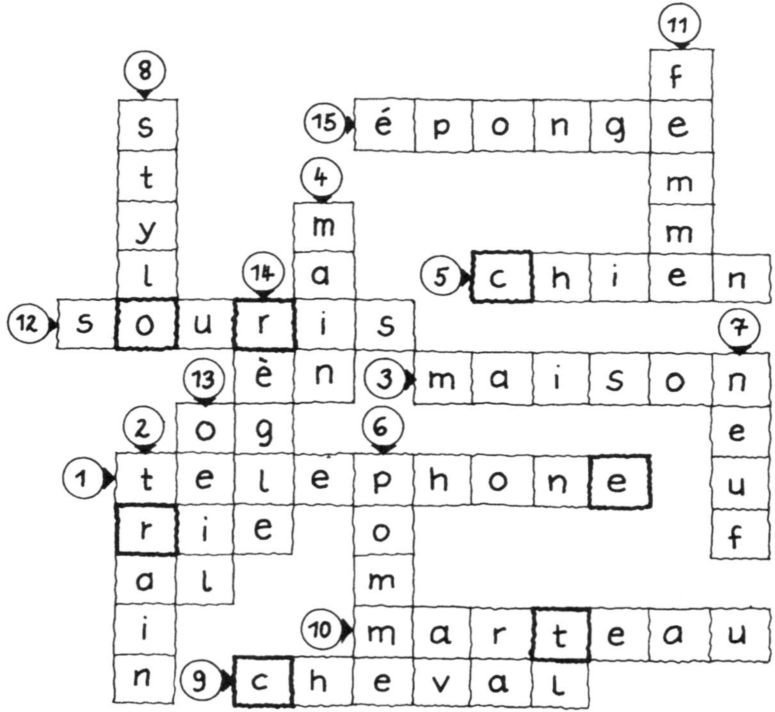

Lösung: correct

Couleurs

Welche Farben haben die abgebildeten Dinge in Wirklichkeit? Trage die Farben ins Rätselgitter ein!

Male die Felder in den angegebenen Farben aus! Drehe das Bild um, wenn du fertig bist!

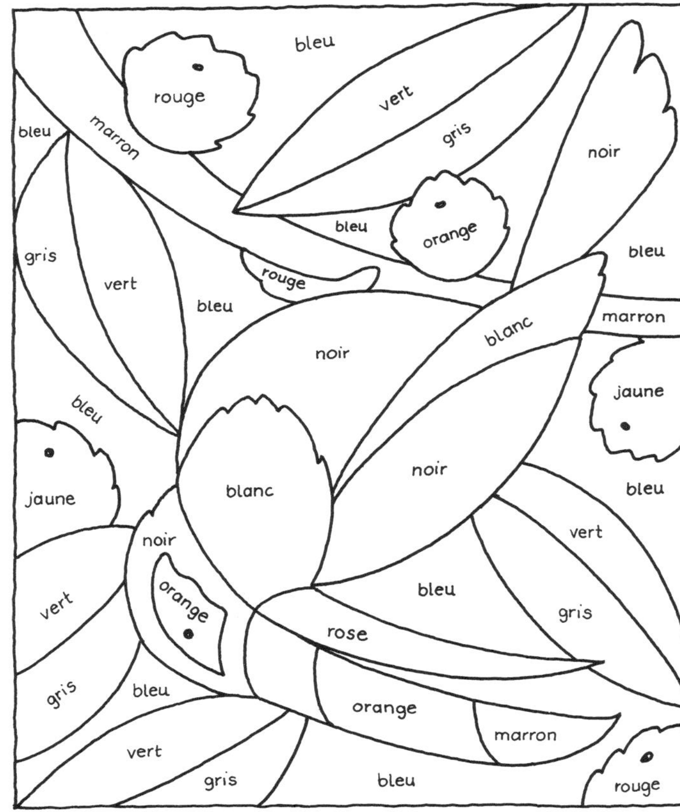

			j	a	u	n	e	
				r	o	u	g	e
b	l	a	n	c				
			v	e	r	t		
	o	r	a	n	g	e		
				c				
		g	r	i	s			
	r	o	s	e				
			b	l	e	u		

Lösung: arc-en-ciel (Regenbogen)

Cet oiseau est un toucan.
(Dieser Vogel ist ein Tukan.)

Complète les phrases!

Ergänze die folgenden Präpositionen:

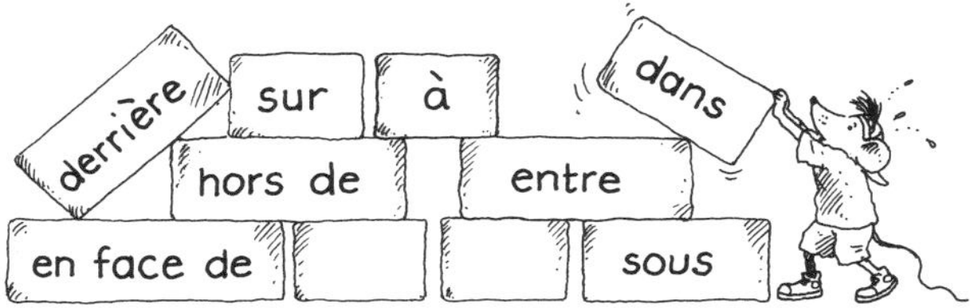

Mademoiselle souris
va __________ l'école.

Mademoiselle souris est
assise _______ une chaise.

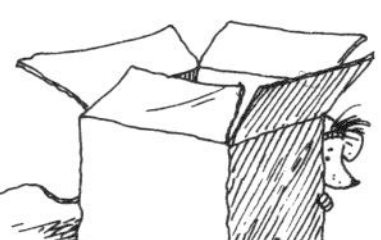

Mademoiselle souris est
cachée _______ une boîte.

Mademoiselle souris
joue__________ le jardin.

Mademoiselle souris
monte ______ une échelle.

Mademoiselle souris
entre ________ la maison.

Mademoiselle souris est
debout _________ deux
chats.

Mademoiselle souris
lit__________ la table.

Mademoiselle souris pointe
le nez _________ la tente.

Mademoiselle souris est
__________ un magasin.

Mademoiselle souris va à l´école.
Mademoiselle souris est assise sur une chaise.
Mademoiselle souris est cachée derrière une boîte.
Mademoiselle souris joue dans le jardin.
Mademoiselle souris monte sur une échelle.
Mademoiselle souris entre dans la maison.
Mademoiselle souris est debout entre deux chats.
Mademoiselle souris lit sous la table.
Mademoiselle souris pointe le nez hors de la tente.
Mademoiselle souris est en face d´un magasin (de + un = d´un).

Learning by Turning!

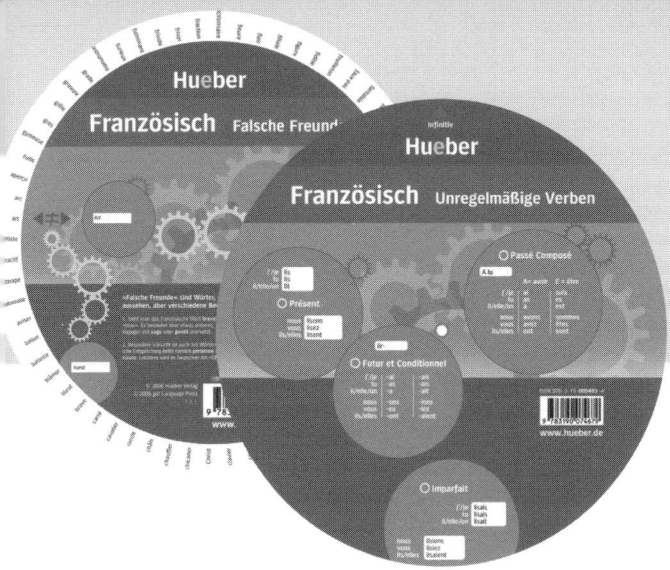

Französisch
Falsche Freunde
ISBN 978-3-19-209546-7
Unregelmäßige Verben
ISBN 978-3-19-219546-4

Mit den neuen Hueber »Wheels« verlieren die Verben ihren Schrecken. Mit einem Dreh hat man die richtige Verbform. Die kleinen Scheiben braucht jeder Sprachlerner - für die Schule, am Arbeitsplatz und unterwegs.

Weitere Produkte aus der Wheel Familie:

- → **Unregelmäßige Verben** Englisch, Italienisch, Spanisch und Deutsch.
- → **Falsche Freunde** Englisch, Italienisch und Spanisch.
- → **Make or Do?**, **¿Ser o Estar?**
- → **Amerikanisches und britisches Englisch**
- → **Englisch – Präpositionen**
- → **Deutsch – Akkusativ oder Dativ?**
- → **Latein Verben – Aktiv-Formen**
- → **Latein Verben – Passiv-Formen**

www.hueber.de

Hueber Freude an Sprachen